Nouvelles Révélations

SUR

L'ENLÈVEMENT ET L'EXISTENCE

DU

DUC DE NORMANDIE,

FILS DE LOUIS XVI.

Par M. Labreli-de-Fontaine,

BIBLIOTHÉCAIRE DE SON ALTESSE LA DUCHESSE D'ORLÉANS DOUAIRIÈRE.

SUIVIES

DE LA PROCLAMATION

DU GÉNÉRAL CHARRETTE,

A SON ARMÉE, A LA FIN DE 1793.

SECONDE PARTIE.

PARIS,

CHEZ TOUS LES MARCHANDS DE NOUVEAUTÉS.

1832.

Nouvelles Révélations

SUR

L'ENLÈVEMENT ET L'EXISTENCE

DU

DUC DE NORMANDIE,

FILS DE LOUIS XVI.

Par M. Lebreli-de-Fontaine,

BIBLIOTHÉCAIRE DE SON ALTESSE LA DUCHESSE D'ORLÉANS DOUAIRIÈRE.

SUIVIES

DE LA PROCLAMATION

DU GÉNÉRAL CHARRETTE,

A SON ARMÉE, A LA FIN DE 1793.

SECONDE PARTIE.

PARIS,

CHEZ TOUS LES MARCHANDS DE NOUVEAUTÉS.

1832.

Nouvelles Révélations

SUR

L'ENLÈVEMENT ET L'EXISTENCE

DU

DUC DE NORMANDIE,

FILS DE LOUIS XVI.

Par M. Labreli-de-Fontaine,

BIBLIOTHÉCAIRE DE SON ALTESSE LA DUCHESSE D'ORLÉANS DOUAIRIÈRE.

SECONDE PARTIE.

PARIS,
CHEZ TOUS LES MARCHANDS DE NOUVEAUTÉS.

1832.

Nota. Les personnes qui n'ont pas la première partie et qui la désireraient, pouvent s'adresser à M. Carpentier-Méricourt, rue Traînée, n° 15, près Saint-Eustache.

IMPRIMERIE DE CARPENTIER-MÉRICOURT,
Rue Traînée, N° 15, près S.-Eustache.

Nouvelles Révélations

SUR

L'ENLÈVEMENT ET L'EXISTENCE

DU

DUC DE NORMANDIE,

FILS DE LOUIS XVI.

―――

J'ai promis en 1831, lorsque, pour satisfaire au cri d'une conscience alarmée et d'une conviction intime, je publiai à la hâte, en réponse à un article inséré dans un des journaux de la capitale, quelques révélations sur l'existence du duc de Normandie, de donner au public les preuves les plus convaincantes de l'enlèvement de ce prince infortuné, et de jeter sur ce fait, encore enveloppé dans l'obscurité de ces temps presque fabuleux, une lumière telle, que non-seulement elle éclairât les esprits les plus incrédules, mais encore leur fît voir la turpitude de parens devenus rois, à qui la révélation de son existence eût enlevé la couronne, objet de leur ambition, ambition basse et sans capacité.

L'ouvrage que j'avais promis était fort avancé lorsque parurent les *Mémoires du duc de Normandie, fils de Louis XVI*, écrits et publiés par lui-même. Je suspendis mon travail pour lire ces mémoires et former ma conviction sur leur auteur. Je déclare que je l'aurais fait plus tôt si je n'avais voulu livrer que quelques lignes à l'impression; qu'à la lecture de cette histoire vraie, et sur laquelle enfin aucun doute ne peut plus exister, j'eus la conviction qu'elle ne pouvait avoir été écrite que par le duc de Normandie lui-même, et cette conviction formée par l'exacte coïncidence des faits que ces mémoires contiennent avec ceux que je tenais de S. A. la duchesse douairière d'Orléans et du prince, s'accrut encore et est irrévocablement fixée par la ressemblance frappante du portrait qu'on y voit avec le duc; comme aussi je reconnus que ma mémoire avait manqué d'exactitude dans le détail de plusieurs circonstances que je tenais du prince, qui, il est vrai, ne m'en avait entretenu qu'une seule fois, ce qui explique comment, après nombre d'années, ma mémoire a pu fléchir... On concevra, du reste, que l'homme qui raconte un fait qu'il tient d'une ou de deux personnes, ne rapporte pas mot pour mot ce qu'il a entendu; il rapporte la substance, et c'est à celle-là seule que l'on doit s'attacher, et c'est à celle-là seule aussi qu'il importe d'être vrai. Cependant, comme il s'agit ici d'un fait important, et sur lequel il faut être d'accord jusque quasi sur les mots; afin d'ôter à ceux qui ont un intérêt puissant à ce que la nation conserve l'idée (non pas la croyance certaine, car personne ne peut l'avoir) de la mort d'un prince existant, je m'abandonne à mon envie primitive de parler de cet enfant malheureux et persécuté, et de rectifier, en cédant à l'impulsion de ma conscience, les légères erreurs qui viennent de mon fait.

Ce ne sont que des détails abrégés sur l'enlèvement du duc de Normandie de la prison du Temple, que j'ai donnés dans ma précédente brochure. La nécessité de la livrer promptement au public pour répondre à une assertion de journal, a pu seule occasionner l'irrégularité de partie de ces détails, qui, pour être donnés dans toute leur étendue, auraient exigé un travail beaucoup plus long que celui auquel je me suis alors livré.

Un fait important que j'ai omis, quoique je le susse parfaitement de S. A. la duchesse douairière d'Orléans et du duc de Normandie lui-même, est l'exhortation paternelle qu'adressa Louis XVI à sa famille le dernier jour où il reçut ses embrassemens et où il lui fut impitoyablement ravi. En rapporter ici les paroles serait superflu, puisqu'on les trouve dans les mémoires de son fils; mais ce que j'affirme, et ce que la lecture de ces paroles si touchantes et en même temps si pleines de justesse me rappelle, c'est qu'en me les rapportant, je remarquai dans le prince un gonflement de poitrine, une parole que gênait l'oppression, et enfin, cédant à la force de sa douleur, le duc ne put retenir un torrent de larmes qui inondait son visage.

« Je me souviendrai toujours, me disait-il, de l'air de
» bonté avec lequel mon malheureux père me défendit de
» chercher jamais à venger sa mort. Le peuple peut être
» esclave pendant un temps; mais tôt ou tard il recouvre sa
» souveraineté, et malheur au roi qui le gouvernerait malgré
» lui. Vouloir conserver une puissance qu'il ne nous a pas
» donnée, ou ressaisir celle qu'il nous a ôtée, est également
» un crime. »

Les pièces authentiques que j'ai entre les mains serviront au besoin pour justifier des révélations qui pourraient déplaire au pouvoir, révélations que je fais, non dans ce but, mais dans celui de rendre hommage à la vérité, et de faire connaître à la France, à l'univers, que le fils de l'infortuné Louis XVI a été enlevé du Temple dans un temps où des choses plus extraordinaires encore se passaient; qu'il fut poursuivi par le comte de Provence, homme cruel et ambitieux, dont l'influence força la sœur à renier son frère, et par ses successeurs, que l'envie de conserver une couronne, sans attraits pour lui et qu'il est loin de réclamer, a fait transiger avec leur conscience; pièces irrécusables, qui seront produites, s'il le faut, aux risques et périls de qui il appartiendra, et qui le seraient même sans besoin si un lâche assassinat, pareil à celui commis sur l'infortuné Fualdès, m'arrachait jamais la vie, car ce crime ne procurerait pas à ses auteurs ces pièces précieuses et authentiques, qu'une main étrangère et sûre possède, et qu'elle livrerait aussitôt à la publicité, si un semblable attentat était commis sur ma personne.

En écoutant la voix impérieuse de ma conscience, je sais à quoi je m'expose; en conséquence, la prudence a voulu que je m'exposasse seul, et que je misse à l'abri les pièces attestant le fait si important de l'existence du duc de Normandie. Elles confirment, du reste, ce que j'ai dit, ce que l'ouvrage intitulé *Mémoires du duc de Normandie, fils de Louis XVI*, écrits et publiés par lui-même, contient, et ce que je vais dire.

Le duc de Normandie, affaibli par les mauvais traitemens que lui faisaient éprouver ses gardiens, et surtout par l'air fétide qu'il respirait dans la prison, appelait la mort comme devant seule mettre un terme à ses maux; mais la providence, dans ses décrets immuables, révélés déjà par les prophéties de saint Césaire, imprimées depuis plusieurs siècles, avait résolu de conserver, pour le bonheur de la France, un prince qu'elle formerait à l'école du malheur, et que son pays réclamerait dans un temps où, après des révolutions avortées, il sentirait qu'il lui faut un chef formé par l'expérience, loin des cours et des déceptions, vraiment animé de sympathies populaires, à qui le mensonge, l'hypocrisie et l'avidité fussent en horreur, et qui comprît les besoins du peuple, du commerce, de l'industrie, des beaux-arts, en un mot de la société.

Le prince de Condé, qu'un amour sincère avait attaché à Louis XVI, reporta, après la chûte et la mort de cet infortuné monarque, toute sa sollicitude sur son fils unique, et s'occupa avec activité de le sauver d'une mort certaine. Il savait toutes les difficultés qu'il fallait surmonter pour arriver à ce but; aussi s'adressa-t-il à l'homme qui pouvait le mieux faire réussir une pareille entreprise.

M. F....., envoyé à Charrette par le prince de Condé, arriva à Paris après s'être concerté avec ce général, et, muni de lettres de crédit suffisantes, il se ménagea des intelligences avec les principaux gardiens de la tour; en m'appesantissant ici sur une circonstance relative à un nommé Cyprien, élève du docteur Dessault, avec lequel j'ai dit dans ma première brochure que M. F..... s'était lié, comme la tenant du prince lui-même, ma mémoire me rappelle que ce n'est point du duc de Normandie que je l'ai apprise, et les pièces que j'ai sous les yeux m'expliquent comment j'ai eu une connaissance personnelle de ce fait, qui du reste n'est pas d'une grande importance. Puis, après s'être fait en quelque sorte un ami du concierge en chef, il accoutuma les gardes à le voir et à recevoir de temps à autres de lui des cadeaux, de l'argent, et c'est après avoir mûri ainsi son entreprise qu'il s'adressa à la femme Simon, s'entendit avec elle, et que, sous prétexte de donner au jeune prisonnier quelques jouets, qu'un jour, où tous ses préparatifs étaient faits, il apporta, selon son habitude, plusieurs objets, et entre autres un joli cheval de carton, dans lequel il avait renfermé un enfant qu'une dose d'opium tenait endormi, et qui était de la taille et de l'âge à peu près du prince.

Arrivé dans la chambre du prisonnier avec ce stratagême

renouvelé des Grecs, et auquel on était loin de penser, M. F....., dont le nom ne m'a pas été décliné par le duc de Normandie, mais bien par S. A. la duchesse douairière d'Orléans, et que je citerai en entier s'il le faut, ce qui dévoilera un nouveau crime du comte de Provence, plaça l'enfant étranger sur le lit, ou plutôt sur le grabat du prince, auquel un signe de garder le silence fut fait (chose facile pour lui, puisque depuis plus de huit mois il ne parlait à personne), et qui aussitôt prit place dans la précieuse machine.

Ici est un fait à rétablir : le duc de Normandie, en me racontant les circonstances de son enlèvement, ne m'a point parlé de la manne; il ignorait absolument que M. F..... en eût apporté une. Cette manne contenait plusieurs jouets et des bonbons, tant pour les gardiens, les municipaux, que pour leurs enfans; elle fut laissée par M. F....., qui promit bien d'aller la prendre le lendemain; mais il l'avait abandonnée à dessein. S. A. la duchesse douairière d'Orléans, en me racontant ce fait, admirait la prévoyance de l'envoyé du prince de Condé.... Ma mémoire m'avait donc bien mal servi quand je retraçai dans ma première brochure les circonstances de cet enlèvement. Je m'aperçus de mon erreur quelques jours seulement après l'émission de cet ouvrage, en parcourant les notes qui sont en ma possession; mais il était trop tard. Je me promis de la rectifier à la première occasion, et c'est ce que je fais maintenant.

La femme Simon, d'accord avec M. F...., eut l'air de refuser de recevoir le cheval de carton et de l'introduire dans la prison du prince, voilà pourquoi cet émissaire remporta la machine, en se plaignant vivement au concierge en chef et aux municipaux de ce qu'il appelait la barbarie de la Simon, qui ne voulait pas qu'on introduisît un objet qui n'était destiné qu'à récréer le prisonnier et lui faire prendre un peu d'exercice, ce qui le forçait à le reporter au marchand. Quant aux autres circonstances de cet enlèvement, elles se sont représentées à mon esprit telles que je les savais de S. A. la duchesse douairière d'Orléans, mais qu'une sorte de confusion m'a empêché de retracer avec exactitude. Du reste, je déclare ici que les pièces authentiques que je possède, viennent corroborer de la manière la plus incontestable, l'histoire vraie du duc de Normandie, écrite et publiée par lui-même, à l'exception du temps qu'il a passé en Amérique, mais dont j'ai une connaissance personnelle, tant parce que m'en avait raconté la duchesse douairière d'Orléans, que par les lettres remises à Fualdès, dont elle avait une notion exacte, qui causèrent la mort de ce vertueux magistrat, et qui, sans doute, disparurent avec lui. Les auteurs de cet horrible crime, devant lequel auraient reculé les Néron et les Calligula, ne retirèrent de leur épouvantable forfait que partie de leur espoir; ces lettres seules n'étaient rien sans celles du prince de Condé, qu'ils ne purent saisir.... Il est un Dieu vengeur, et la vérité ne tardera pas à se découvrir et à déverser sur les coupables de tant d'assassinats et de persécutions exercées contre ce prince, l'infamie qui les attend....

En abordant franchement la question de l'existence du duc de Normandie; en laissant de côté tout sentiment de prévention, on lira d'abord, on approfondira ensuite et on sera enfin convaincu de l'enlèvement et de l'existence du fils de Louis XVI. Je m'abstiendrai de parler des effets produits par *l'or*, tout le monde les connaît, ils sont positifs et patens, et notre époque le prouve d'une manière incontestable; je m'élèverai à de plus hautes considérations, je mettrai en scène des potentats, et nous verrons si des malotrus viendront encore seconder les perfidies de gens qui les poussent et les payent.

En 1814, déchéance de Napoléon; arrivée des Bourbons, démarches de l'impératrice Joséphine auprès des alliés et surtout d'Alexandre, en faveur du fils de Louis XVI. Intérêt vif et visible qu'y prend ce prince; mort de Joséphine, occasionnée par un crime du persécuteur éternel du duc de Normandie. Apparition en France du fils de Louis XVI, production de Bruneau, premier imposteur mis en avant par le comte de Provence. Départ du duc de Normandie, et condamnation de Bruneau aussitôt qu'on est informé de l'arrestation du fils de Louis XVI, qui ne put faire entendre sa voix accusatrice, puisqu'il était dans les fers. Réclamations auprès des alliés; congrès d'Aix la Chapelle; preuve de l'existence de Louis XVII; demande de sa protestation au pape Pie VII. Information; persistance de l'empereur

Alexandre. Son retour à Paris après la clôture du congrès; son départ précipité après deux conférences avec le comte de Provence; nouvelle ouverture du congrès d'Aix la Chapelle, où assistèrent les potentats européens; envoi d'une communication à Rome. Clôture du congrès et retour de chaque souverain dans ses états. M. le duc de Richelieu accueilli, renvoyé; D... aux affaires; assassinat du duc de Berry; D.... en Angleterre; Richelieu premier ministre, sa mort.

Tels sont les faits dont le dépouillement va faire tomber le voile qui couvre tant et tant d'iniquités. La France, envahie par les armées étrangères, fut témoin de l'acte le plus monstrueux qu'ait jamais enfanté une assemblée en délire. Le Sénat, réuni sans ordre, sans chef, et en petit nombre, prononça la déchéance de son souverain et appela au trône le comte de Provence. L'illégalité et l'irrégularité de cette décision furent démontrées et tout ce qu'il y avait de cœurs français a été saisi d'indignation à la vue d'un tel attentat; mais on fut forcé de supporter la loi imposée par des souverains à qui la trahison venait de livrer la France.

Après le départ de Napoléon pour l'île d'Elbe, la bonne Joséphine s'adressa à l'empereur Alexandre, et lui découvrant l'existence du fils de Louis XVI et le lieu qu'elle croyait habité par ce prince, le pria de ne point se prononcer définitivement avant d'en avoir reçu des nouvelles positives. Alexandre touché des vertus et de la généreuse démarche de cette excellente princesse, lui promit de faire ses efforts pour que tout restât en France dans un état provisoire jusqu'à ce que l'on eût découvert le fils de Louis XVI, à qui il ferait rendre la justice qui lui était légitimement due. Quelque secrète qu'ait été la conférence ci-dessus, il paraît qu'il en transpira quelque chose, car peu de jours après Joséphine mourut presque subitement, et l'Europe entière (chose étonnante) nomma l'auteur de ce décès prématuré.

Une autre princesse intercéda auprès d'Alexandre pour qu'il n'abandonnât pas la cause du fils de Louis XVI, et en reçut l'assurance qu'il veillerait aux intérêts de cet infortuné et se hâterait d'y engager ses alliés aussitôt qu'on en aurait des nouvelles certaines. Tel fut le commencement des intrigues qui devaient faire échouer tous les projets formés en faveur du duc de Normandie. L'extrait mortuaire de l'enfant mort au Temple en 1795 fut produit et on n'eut pas de peine à y joindre des documens pour l'appuyer, puisqu'étant maître de toutes les archives, on put impunément y substituer des actes à d'autres et en fabriquer pour donner plus de poids à des productions criminelles. Alexandre, obsédé de tous les côtés, trompé par ceux qui avaient un intérêt si visible et si grand à la réussite de tant de manœuvres que sa loyauté et sa franchise ne pouvaient lui faire soupçonner, suspendit ses démarches et partit presque persuadé qu'on avait été induit en erreur relativement à l'existence du fils de Louis XVI.

Le débarquement de Napoléon et ses suites ayant ramené Alexandre à Paris, les amis de la justice firent de nouvelles instances auprès de ce prince afin qu'il appuyât les droits du fils de Louis XVI, qui était vivant, et qui ne pouvait manquer de paraître bientôt. Alexandre, circonvenu et obsédé par les mêmes personnes qui avaient déjà surpris sa bonne foi en 1814, partit sans prendre aucune détermination. Le duc de Normandie débarqua enfin et fut présenté par Fouché au prince de Condé, qui le reconnut immédiatement. Grande rumeur parmi ses persécuteurs, qui mirent en usage tous les moyens à leur disposition, pour paralyser ses démarches et le faire disparaître, s'il était possible. L'arrivée de Bruneau, qui l'avait vu en Amérique, donna l'idée de se servir de cet aventurier, déjà connu par des équipées antérieures dans les environs de son pays, qu'on connaissait parfaitement, et il fut en conséquence endoctriné, arrêté et conduit à Rouen. Le duc de Normandie s'y rendit lui-même, vit quelques magistrats à qui il raconta quelques-unes des principales circonstances de sa vie, et qui demeurèrent convaincus qu'il était réellement le fils de Louis XVI. Aussi l'imposture de Bruneau fut-elle facile à découvrir et sa condamnation en a été la suite. Cette apparition du duc de Normandie à Rouen, donna naissance à sa prétendue évasion avec le concierge et à d'autres fables dont l'absurdité est démontrée; mais une circonstance sur laquelle on ne s'est pas assez appesanti c'est la production de Bruneau qui eut pour effet de mettre les esprits en prévention et de les tenir en garde contre tout ce qui se dirait fils de Louis XVI.

Cette ruse diabolique donnait le temps d'être averti et de persécuter cet enfant si on ne pouvait parvenir à s'en défaire....

Le duc de Normandie, justement indigné de tant d'infamies et ne voulant nullement servir de prétexte à une nouvelle invasion ou à une prolongation de séjour d'étrangers qu'il détestait cordialement, s'éloigna en gémissant de son pays natal, et recommença ses voyages qui se terminèrent par son arrestation dans les états Autrichiens et son transfert à Milan, circonstance qui explique la condamnation de Bruneau, qu'on eut soin de ne faire juger qu'après avoir été assuré que le fils de Louis XVI était dans l'impossibilité de dévoiler la véritable imposture. Bruneau trompé, abandonné, est mort victime de sa crédulité et de sa stupidité....

Cependant les amis du duc de Normandie ne restèrent pas oisifs; ils firent de nouvelles démarches auprès d'Alexandre, à qui ils annoncèrent l'apparition du prince en France et ses résultats. Alexandre demanda des explications, et il fut décidé qu'on s'en entendrait dans un congrès convoqué à Aix-la-Chapelle, malgré l'opposition et toutes les observations du comte de Provence, qui, ne pouvant éviter de s'y faire représenter, fit répandre le bruit que ce congrès n'était ouvert que pour statuer sur l'évacuation des troupes alliées, comme s'il y eût eu besoin d'une réunion des souverains les plus puissans de l'Europe pour traiter d'un objet aussi secondaire; mais il fallait bien continuer de tromper la France et l'Europe en affectant de proclamer le principe de la légitimité qu'on méconnaissait alors d'une manière si atroce.....

L'histoire dira comment on s'y prit pour faire écarter les réclamations du fils de Louis XVI, pourquoi on fit apparaître dans ce congrès une demoiselle bien connue par ses relations avec Josephine et plusieurs hauts personnages de l'Europe; pourquoi on envoya un émissaire au pape Pie VII, afin qu'il donnât connaissance de la protestation du duc de Normandie, déposée entre ses mains, et qui força le Saint-Père à s'abstenir de couronner le comte de Provence; pourquoi l'empereur de Russie et le roi de Prusse, se rendirent à Paris tandis que les autres rois se dirigèrent sur Bruxelles sans avoir rien terminé. Je me contenterai d'ajouter qu'Alexandre, à son arrivée à Paris, eut une conférence avec le comte de Provence au sujet du fils de Louis XVI. Qu'après être sorti de son cabinet, il déjeuna avec le roi de Prusse; que pendant ce tems D.... introduit auprès du Prince, l'engageait à persister. Alexandre s'étant présenté de nouveau, au sortir de table, chez le comte de Provence, y demeura trois-quarts d'heure, et au moment où il en sortit, chacun remarqua, à son air animé et furieux, qu'il s'était passé quelque chose de bien extraordinaire entre les deux princes, et ce qui semble confirmer ce soupçon, ce fut l'ordre donné par l'empereur de Russie de préparer sa voiture et son départ immédiat avec le roi de Prusse pour Aix-la-Chapelle où il fit ouvrir de nouveau le congrès.

Après des conférences, dont le secret ne fut point dévoilé, mais qui ne roulèrent que sur le fils de Louis XVI, un courrier fut expédié à Rome, et au moment où on s'attendait à quelque grande détermination, on fut étonné de voir clore définitivement le congrès et les souverains retourner dans leurs états respectifs. Le duc de Richelieu fut accueilli froidement, puis renvoyé, parce qu'il avait fléchi à la vue de preuves accumulées en faveur du fils de Louis XVI et que sa conscience avait parlé. D.... triomphait. Les tourmens du comte de Provence ne cessaient pas pour cela, car l'infortuné duc de Berry, bien informé et plus sincère qu'on ne l'eût désiré, ne cessait d'insister pour que son oncle reconnut les droits du duc de Normandie; sur les représentations du comte de Provence, il répondait : « Justice » avant tout, mon oncle. » *Il fut assassiné!*.... D.... renvoyé, fut remplacé par M. de Richelieu qui n'eut que l'ombre de l'autorité et *mourut* bientôt après.

Que s'était-il donc passé au congrès pour avoir engagé Alexandre à abandonner si subitement la partie? L'Autriche, qui retenait dans les fers le duc de Normandie et qui craignait qu'il ne se vengeât d'une manière terrible de l'outrage commis gratuitement sur sa personne, déposa sur le bureau un écrit du fils de Louis XVI, dans lequel, après avoir énuméré les fautes de ses parens et leurs crimes, il faisait connaître ses principes qui, n'étant nullement en harmonie avec les idées des monarques de cette époque, leur firent appréhender qu'il ne les mît en pratique et ne détruisît ainsi tout l'échafaudage de tyrannie dressé par eux pour tenir les peuples dans un esclavage perpétuel, et ils furent, en cela, puissamment secondé par le comte de Provence qui promit tout. Dès-lors la cause de l'infortuné fils de Louis XVI, fut perdue ou du moins ajournée. Sachons lui gré de sa franchise et plaignons d'aussi grandes infortunes !... Lorsqu'une vénérable princesse me racontait les détails de tant d'infamies, des larmes amères coulaient de ses yeux et elle gémissait sur l'aveuglement de potentats qui, pour jouir momentanément d'un repos factice, avaient transigé avec l'honneur.

D'après ce qu'on vient de lire, faut-il s'étonner de ce qui s'est passé ? Si l'on veut considérer l'intérêt qu'ont eu à accréditer la mort du fils de Louis XVI, tous les gouvernemens qui se sont succédés en France, Robespierre, la Convention, le Directoire, la République, le Consulat, l'Empire, la Restauration et ses successeurs passés, présens et futurs, on concevra facilement qu'aucun n'a pu et ne pourra faire l'effort de risquer un trône en accordant le sol natal à un orphelin qui ne réclame cependant que les droits de français. Non, c'était impossible. La crainte de perdre une couronne impatiemment attendue et si chaleureusement acceptée, rend injuste, pour ne pas dire plus. Un trône est si beau qu'on en veut *à tout prix* ! Qu'on règne selon ou contre la volonté du peuple, peu importe, pourvu qu'on règne. Pauvres peuples !... Pauvres peuples !....

Mais est-ce une raison pour empêcher la vérité de se découvrir, pour ne pas révéler des faits qui appartiennent à l'histoire ? Non. L'intérêt de la vérité doit conduire la plume de l'écrivain, et des ambitions personnelles ne doivent point empêcher de déchirer le voile qui couvre de honteuses turpitudes. Pour prouver la mort du duc de Normandie, on exhibe un acte de décès et on dit : Ce prince s'appelait Louis Charles, duc de Normandie ; or, voici un acte de décès portant les noms de Louis-Charles, duc de Normandie ; donc il est mort et vous devez y croire.

Oh ! quelle excellente logique ! Quoi ! c'est vous qui aviez le pouvoir, qui aviez intérêt à cacher l'évasion, à publier et à faire croire à sa mort, et c'est vous qui représentez, comme digne de foi, un acte qui émane de vous en nous disant d'y croire ? Vous pouvez nous y inviter, mais non nous y contraindre.

De deux choses l'une, ou le duc de Normandie est mort, ou il existe. Si vous le prétendez mort, des faits sont cités qui détruisent votre assertion. Parmi ces faits, il en est qui, pour être prouvés, ont besoin de votre assistance; donnez-la, et la preuve sera faite; refusez-la, et nous en conclurons avec raison que vous reculez devant une vérité que vous connaissez et que vous avez intérêt à tenir dans l'ombre. S'il existe, l'acte que l'on a représenté est faux; si vous vous contentez de nier, il est toujours argué de faux et l'ordre public est intéressé à ce qu'il soit poursuivi ou justifié par tous les moyens possibles, tant ceux qui sont en votre pouvoir, que ceux que nous vous dénonçons. Il est du devoir de tous de percer l'obscurité qui couvre encore quelques faits de notre première révolution; il faut confondre l'imposture ou rendre hommage à la vérité; éviter la lumière, c'est s'avouer craintif; la fuir, serait se déclarer vaincu.

Entr'autres actes qui tendent à détruire la foi qu'on pourrait avoir en l'acte de décès du Dauphin, se présente d'abord la déclaration que fit le docteur Dessault *que l'enfant qu'on lui présentait* N'ÉTAIT PAS LE PRINCE QU'IL AVAIT VU AUPARAVANT ET AUQUEL IL AVAIT DONNÉ SES SOINS.

Ce fait seul est suffisant pour faire élever des doutes sur cette prétendue mort du duc de Normandie, et la fin subite et violente du docteur Dessault (1) quelques jours après sa déclaration, fait naître d'affreux soupçons.... La séquestration de la femme Simon, qu'on faisait passer pour folle, afin d'ôter tout crédit à ses révélations sur l'enlèvement du prince qu'elle avait favorisé!

Si le duc de Normandie était mort, pourquoi la restauration n'institua-t-elle pas un service funéraire annuel et spécial comme elle le fit en mémoire de Louis XVI? C'est que celui-ci était bien mort, et qu'il était à leur parfaite connaissance que l'autre existait, et, ce qui démontre que la famille que nous ramenèrent les bayonnettes étrangères le savait,

---

(1) M. Abeillé, élève en médecine sous le docteur Dessault à l'époque de sa mort violente, a déclaré à qui a voulu l'entendre en France et aux États-Unis, où il s'est réfugié depuis, que l'assassinat de ce docteur suivit immédiatement le rapport qu'il fit que l'enfant qu'on venait de lui présenter, n'était pas le Dauphin qu'il connaissait parfaitement. L'*Abeille Américaine*, rédigée par M. Chaudron, mentionne ce fait dans un article inséré en 1817. M.ᵐᵉ Delisle, habitante de New-York, et actuellement à Paris, déclare avoir entendu raconter cette anecdote par M. Abeillé lui-même, et avoir en outre lu l'article précité dans le journal américain.

c'est la proclamation du comte de Provence, dont j'ai parlé dans ma première brochure, et les démarches ultérieures faites par le prince de Condé lui-même.

L'assassinat de Fualdès, pour soustraire les papiers du fils de Louis XVI et les conversations que j'ai rapportées plus haut, et enfin le fait important de l'arrestation du duc de Normandie sur les terres de l'Autriche, sa détention pendant plus de six ans dans les prisons de Milan, où il a été vu et connu de tous les accusés de complot contre la sûreté de l'état, et parmi lesquels figurait M. Andriane fils, qui vient d'arriver à Paris, pendant lequel temps s'instruisit le procès qui devait le confondre ou le faire triompher.

Eh bien! cette instruction, qui se fit sur les pièces saisies sur lui, eut pour résultat sa mise en liberté. Que de réflexions cette circonstance fait naître! Etait-il un imposteur, celui qui n'a décliné sa dignité que dans les fers, et après des observations telles que celles consignées dans ses mémoires? Était-il un imposteur, celui qui, arrêté sans sujet et sur la simple réquisition de ses persécuteurs éternels, n'a pas craint de se déclarer et de braver jusqu'à la haine de ceux qui complaisamment commettaient un acte arbitraire, injuste, et horrible pour satisfaire à des exigences condamnables? Et il a été mis en liberté! Il a eu donc mille et mille fois raison! Quelle est donc la puissance de cette vérité, de cette conviction qui a pu confondre la calomnie et triompher de tant d'obstacles? Disons-le sans crainte : le duc de Normandie a terrassé ses adversaires et réduit au néant leurs mensonges officieux; il a forcé ses geôliers au respect et à l'admiration, et ses ennemis humiliés ont eu la douleur de le voir surgir plus terrible et plus menaçant.... Il les a fait trembler sur leur trône, et a porté la désolation jusque sous leurs lambris dorés!...

Ces faits sont importans, et en disent plus que tous les plus longs commentaires.... Ceux qui connaissent la sévérité de la justice autrichienne n'hésiteront pas à reconnaître et à déclarer qu'il a fallu de grandes, d'irrécusables preuves pour désarmer la colère aulique et la forcer à être juste. Et on vient nous dire que le fils de Louis XVI est mort! Que l'auteur des mémoires de juillet 1831 est un imposteur, un aventurier, un!..... Grand Dieu! à quel excès de démence s'abandonnent les hommes qui refusent d'ouvrir les yeux à la lumière!.... O mes concitoyens, qui n'avez lu que superficiellement ces mémoires, qui n'en repoussez l'auteur que parce que ses principes heurtent les vôtres, choquent vos utopies, contrarient vos prétentions, ne flattent ni votre orgueil ni vos penchans, commentez ces sages mémoires, dépouillez le vieil homme de préjugés faux et dangereux, voyez le fils de votre roi, le descendant de tant de princes, tel qu'il est, luttant courageusement contre tous les potentats de la terre et leur immense pouvoir, bravant la prison et la mort pour venir à votre secours et faire votre bonheur, et alors vous comprendrez tout ce qu'il lui faut de force et de résignation pour se sacrifier journellement pour la prospérité d'une France dont chaque habitant n'est à ses yeux qu'un de ses enfans ! Un jour, peut-être, on lui rendra justice : craignons qu'il ne soit trop tard !

Mais que demande donc le fils de Louis XVI ? La couronne ? Elle est sans attraits pour lui. Le pouvoir ? Il le répudierait pour le rendre à la nation, à qui il appartient uniquement. L'or ? Il ne demanda jamais rien à personne ; ne vous dit-il pas que celui qui sait se contenter du nécessaire est toujours assez riche ? Il ne désire que l'autorisation de rentrer dans sa patrie, de travailler à sa grandeur, à sa prospérité, à sa gloire.... Il vous le dit positivement dans ses mémoires, et il le répète dans sa lettre de Bruxelles du 1er janvier 1832, dont j'ai un exemplaire sous les yeux.

Formé à l'école du malheur, loin des grands et des flatteurs, il sait que la tranquillité n'est pas sous le poids d'une couronne ; sans ambition, et soumis aux conseils de son malheureux père, il n'accepterait le pouvoir que s'il lui était donné par le peuple, qui seul peut en disposer, et qui l'en jugerait digne par ses longs malheurs, l'expérience qu'il a acquise en vivant au milieu des hommes, et ses principes en harmonie avec nos mœurs, nos besoins, notre caractère et notre époque. Alors seulement il abandonnerait sa solitude pour répondre à l'appel que lui ferait une nation qui verrait en lui un compagnon d'infortune. Ce serait alors encore qu'il se rappellerait les paroles de son père et cette sage recommandation :

« Ton père te défend de venger son trépas. »

FIN.

Proclamation

DU

GÉNÉRAL CHARRETTE

A SON ARMÉE,

LORSQUE, TRAVAILLÉE, A LA FIN DE 1795, PAR LES AGENS CORRUPTEURS DU DIRECTOIRE, ELLE SE DISPOSAIT A METTRE BAS LES ARMES ET A ACCEPTER LES INDEMNITÉS QU'ON LUI OFFRAIT.

Quoi! vous parlez d'intérêts et de profits? Qu'entendez-vous par des conditions? Est-ce pour nous enrichir que nous faisons la guerre? Sera-ce pour rétablir nos fortunes que nous ferons la paix? Ne vous souvient-il plus du serment par lequel vous avez enchaîné vos destinées à celles de votre Roi? Ne sentez-vous plus vos cœurs palpiter au cri de l'honneur? N'êtes-vous plus royalistes et français? Quoi! des usurpateurs règnent sur un trône inondé du sang de votre monarque et le vôtre ne se soulève pas! Les bourreaux de Louis XVI, armés de poignards au lieu de sceptre, foulent d'un pied superbe la royauté prosternée et vous renoncez à la remettre de bout et à les punir! Qu'est-il besoin d'attendre les secours tardifs et honteux de la Russie et de l'Angleterre? Qu'ont de commun avec notre querelle, nos désirs, nos espérances, notre courage, notre dévouement avec le flegme des automates du nord et la fausse protection de perfides insulaires? Ne rougissez-vous pas de honte et de dépit? Ne frémissez-vous pas de courroux en remettant entre des mains étrangères le soin de notre vengeance? Est-ce Georges ou Catherine qui sont morts sur un échaffaud? Est-ce le despotisme moscovite ou la grande charte anglaise qu'on a renversés?... Non. C'est notre antique Monarchie que la hache révolutionnaire a fait crouler; c'est le trône de Saint-Louis qui s'est enfoncé dans la fange sanglante de la démagogie. C'est le fils de Henri IV. qui a porté sa tête découronnée sous la hache des bourreaux de la France. C'est le sang de ses serviteurs dévoués, de ses amis fidèles, des meilleurs citoyens. C'est le sang de vos pères, de vos enfans, de vos épouses, de vos serviteurs, de vos amis, de vos amantes qui a ruisselé par torrens des échaffauds sur le sol français. Et vous voulez poser les armes!. Que dis-je? Vous prétendez les mettre aux genoux des meurtriers régnans? De leurs mains qui vous ont dépouillés et égorgés vous recevriez ces dons insultans? Ceux qui ont incendié vos maisons vous offrent des indemnités! Oui, ils rebâtiront vos maisons, mais ce sera des ossemens de vos frères massacrés; c'est avec votre sang qu'ils en cimenteront les matériaux. Allez-donc, lâches et perfides soldats! Allez déserteurs d'une si belle cause que vous déshonorez; abandonnez aux caprices du sort et à l'instabilité des événemens le royal orphelin que vous jurâtes de défendre! Où plutôt emmenez-le captif au milieu de vous; conduisez-le aux assassins de son père, soyez sans pitié pour son âge, pour ses grâces, pour sa faiblesse et pour ses revers, et lorsque vous serez en présence de vos nouveaux maîtres, pour vous rendre dignes d'eux, vous ferez rouler à leurs pieds la tête innocente de votre Roi.

Puis se tournant vers un de ses officiers, il lui dit :

Vous voyez, mon ami, dans quelle infamie peut tomber une âme que domine l'intérêt personnel : la vertu et l'honneur deviennent pour elle de vains mots, et ses sermens un jeu : succombant aux circonstances, elle va, vient comme les événemens et prend la couleur du jour. Nos traîtres ont franchi les premières bornes; rien ne peut désormais les arrêter; ils vont marcher à grands pas dans la carrière de la perfidie, ils ne seront satisfaits que quand ils l'auront fournie toute entière. Je ne serais point étonné que sous peu de jours le fils de l'infortuné Louis XVI fût arraché, malgré moi, de son asile et livré à ses persécuteurs!... Pauvre enfant, quelle destinée est la tienne!... Le ciel t'a-t-il formé dans un instant de sa colère, et n'est-ce que de lugubres fils qu'est ourdie la trame de tes jours? Tu nacquis au milieu des tempêtes, tu fus abreuvé des larmes de ta mère autant que du lait de ta nourrice! Ton berceau, comme celui de Moïse, fut exposé sur le fleuve ensanglanté de la révolution : on te précipita dans un cachot que les vertus de ton père, l'amour de ta mère, la tendresse de ta sœur (1), la sagesse de ta tante, tes grâces charmantes et naïves embellirent en peu de mois! Un martyr douloureux, mais sacré, dévora ta famille. Unique et débile rejeton de ce grand arbre tronqué par le glaive, tu n'as recueilli des tiens qu'un héritage de malheurs; et tu deviendrais victime de la trahison de tes défenseurs! Quoi tu retournerais sous la puissance de tes

---

(1) Il paraît certain que le refus de la duchesse d'Angoulême de déclarer que son frère est vivant, tient à la crainte qu'elle a de partager avec lui les revenus des biens particuliers de leur père commun, et d'être forcée de lui tenir compte de l'héritage de leur tante Christine, sœur de leur mère. Voilà l'explication de l'énigme et la vraie cause qui a fait repousser ce prince infortuné.   (*Note de l'Auteur.*)

tyrans! Quoi! tu serais replongé dans cette fosse aux Lions où la vengeance te laisserait jusqu'à ce qu'elle osât se nourrir de ton sang! Non, mon enfant, tant qu'un souffle de vie animera mon existence, la tienne est assurée. Tant que je jouirai de ma liberté tu garderas la tienne. Ma vie est à toi comme elle fut à ton père. Mon sang a coulé et coulera encore pour te défendre. Mon bras enfin séchera pour te sauver.

Souffrir pour son Dieu et mourir pour son Roi, c'est la devise d'un bon français....

Paris. — Imprimerie de CARPENTIER MÉRICOURT, rue Trainée-Saint-Eustache, n. 18.

www.ingramcontent.com/pod-product-compliance
Lightning Source LLC
Chambersburg PA
CBHW060636050426
42451CB00012B/2631